T-49334.

LETTRE

A MONSIEUR LE COMTE

DE MONTLOSIER,

EN RÉPONSE A SON

MÉMOIRE A CONSULTER

SUR UN

SYSTÈME RELIGIEUX ET POLITIQUE.

Filii hominum dentes eorum arma et sagittæ :
et lingua eorum gladius acutus. PSAUME 56.

PRIX : 1 fr., et 1 fr. 10 c. franc de port.

A PARIS,

CHEZ DEMONVILLE, IMPRIMEUR-LIBRAIRE,

RUE CHRISTINE, N° 2.

1826.

Cette Réponse à M. de Montlosier, est extraite du Numéro d'avril, des *Tablettes du Clergé et des Amis de la Religion*, recueil périodique, paroissant chaque mois par cahier de quatre à cinq feuilles, et dont le prix de souscription est de 15 fr. par an. A Paris, chez DEMONVILLE, Imprimeur-Libraire, rue Christine, n° 2.

LETTRE
A MONSIEUR LE COMTE
DE MONTLOSIER,

EN RÉPONSE A SON

MÉMOIRE A CONSULTER

SUR UN

SYSTÈME RELIGIEUX ET POLITIQUE.

Vous nous annoncez, monsieur le Comte, une vaste conspiration *contre la Religion, contre le Roi, contre la Société*. Vous répandez partout la méfiance et la crainte; on se demande quel est ce complot effroyable qui menace de nous ravir des biens qui nous sont si chers. On voudroit vous questionner, vous entendre, vous voir, s'entretenir avec un homme aussi zélé pour son Roi, pour son Dieu, pour son pays. C'est un vétéran de la milice sainte et monarchique, qui revient, après un demi-siècle, se représenter sur l'arène, tout bouillant de courage, et déployer la force et l'énergie de ses premiers jours.

Mais enfin, quels sont donc vos conspirateurs ? Que veulent-ils ? Quelle fureur les agite ? Quel crime ont-ils projeté ? Que faire pour se mettre en garde contre leurs attentats ? De grâce, Monsieur, aidez-nous de vos lumières, de vos conseils. Dites ce que vous savez, ce qu'il faut faire pour nous sauver du péril. Par le fait de votre démarche hardie, vous devez être certainement placé à la tête des défenseurs du trône et de l'autel. Nous n'aspirons pas à partager votre gloire : puissions-nous seulement nous associer à votre noble audace !

Cependant, que savez-vous ? Que vous ont révélé ces conspirateurs criminels qui vous ont inspiré le redoutable *factum* que vous venez de lancer dans le public ? « La » conspiration que je désigne, nous répondez-vous, *est*

» *ourdie par des hommes saints, au milieu des choses*
» *saintes*. Quel succès puis-je espérer? C'est la vertu que
» je vais accuser de crime ; c'est la piété que je vais montrer
» nous menant à l'irréligion , c'est la fidélité que j'accu-
» serai de nous conduire à la révolte. »

Pour le coup, monsieur le Comte, on ne devoit guère s'attendre à une telle découverte, et je puis vous certifier que, depuis qu'il y a dans le monde des hommes qui réfléchissent, c'est bien la première fois qu'un écrivain a essayé d'unir ensemble des choses aussi contradictoires. Quoi ! il s'agit d'un atroce complot, et ce sont des *hommes saints* qui s'en rendent saintement coupables ! Il s'agit d'un énorme crime, et c'est *la vertu* que vous en accusez ! Il s'agit d'irréligion, et c'est *la piété* qui nous y conduit ! Il s'agit de révolte, et c'est *la fidélité* qui est rebelle et parjure ! Avez-vous bien réfléchi, Monsieur, à de pareilles inconséquences ? Comment n'avez-vous pas vu quelle prise elles pouvoient donner sur vous ? Quel est l'homme sensé qui pourra vous lire, après une telle déclaration, si ce n'est pour vous retrouver encore en contradiction avec vous-même, et s'assurer, par ses propres yeux, des écarts où peut porter le délire de la haine et des préjugés ?

Non, Monsieur, la vertu, la sainteté ne conspirent jamais contre ce qu'il y a de plus sacré sur la terre : autrement, ce ne seroient plus ni la vertu, ni la sainteté. La piété, la fidélité pour nos rois peuvent être malheureusement encore victimes des plus noirs complots ; mais elles ne conspirent pas : il faut être bien peu clairvoyant pour les en croire capables. Une telle aberration de l'esprit humain étoit réservée à notre siècle, et c'est dans des rangs où notre bon Roi, où les prêtres devoient s'attendre à trouver des amis, que la foi, la piété, la fidélité étoient destinées à repousser des ennemis et des dénonciateurs impitoyables !

Vous avez eu le tort, dites-vous, d'appeler révolutionnaires ces écrivains qui se font appeler libéraux, et qui outragent chaque jour la religion et la foi de nos aïeux. Mais ils vous ont converti ; vous êtes même pénitent ; car vous remerciez ces Messieurs de la réprimande qu'ils vous ont faite. Que ce repentir nous touche, et combien cela est beau de la part d'un ancien défenseur de la féodalité ! Avez-vous bien fait l'aveu de toutes vos fautes, Monsieur le Comte ? Vous avez affaire à des gens qui n'oublient rien, excepté ce qu'ils ont été eux-mêmes. Ne vous y trompez pas : votre pénitence ne les satisfera pas, si elle n'est complète. Il est à craindre que vous ne conserviez encore quelque vieil attachement pour certains préjugés qu'on ne vous pardonnera pas plus, chez les libéraux, qu'on ne nous pardonne nos sentimens et nos croyances. Au reste, vous recevez si bien leurs réprimandes, qu'ils vous en feront encore, n'en doutez pas.

Comme chez les peuples de l'antiquité, votre alliance avec ces Messieurs, n'a pu se conclure sans quelques victimes. Ce sont les prêtres, ce sont les âmes pieuses, ce sont les Jésuites qui fournissent, dans ces occasions, la matière du sacrifice. Ne vous arrêtez pas, Monsieur, dans un aussi beau chemin. Que votre sacrifice soit entier. Plus de titres, plus de noblesse, plus de monarchie, plus de distinctions. Donnez tout; accordez tout. Ce seront là pour vous les fleurs qu'on avoit coutume de jeter sur le bûcher, après la consommation de l'holocauste. Voyez comme déjà nos gens à principes vous savent gré de tout ce que vous faites pour leur cause. Vous êtes prôné, vanté à toute outrance. Vous êtes un génie extraordinaire, un homme d'état, un profond moraliste, un écrivain du premier ordre; et, qui plus est, un écrivain indépendant; car vous secouez même quelquefois le joug de la vérité et des convenances.... Oh! M. le Comte, combien vous devez être fâché d'avoir donné le nom de *révolutionnaires* à d'aussi dignes amis!

Rassurez-vous cependant, votre nouveau *factum* est une assez belle expiation de vos fautes passées. Vous n'y oubliez rien de tout ce qui peut vous concilier l'indulgence des ennemis du sacerdoce. Ces injures qu'on a osé leur reprocher, et qui ont fourni matière à un procès de tendance, ne sont, à vos yeux, que des *inconvenances qui ont pu leur échapper*. L'objet le plus apparent de ce procès étoit le respect pour la religion; mais l'objet réel étoit le maintien du système jésuitique. « L'artifice de cette combinaison
» n'a point échappé au public (c'est-à-dire au public du
» *Courrier* et du *Constitutionnel*). S'il a soupçonné que,
» dans les attaques de deux journaux contre l'ultramontanisme et contre les Jésuites, il entroit quelque intention
» irréligieuse, il a vu encore mieux dans la défense de
» M. Bellart et de M. de Broé, en faveur de la religion,
» un intérêt plus sérieux en faveur des Jésuites et de la
» souveraineté du Pape. »

Il est malheureux que vous arriviez si tard, Monsieur;

car ce que vous nous dites aujourd'hui, nos révolutionnaires l'ont dit, il y a plusieurs mois. Ils avoient déjà fait voir à leur *public*, tout ce qui leur étoit passé par la tête. Il étoit assez inutile de venir nous répéter les mêmes choses. Cependant, c'est toujours de votre part une marque de bonne volonté, et ces Messieurs sauront apprécier cette nouvelle preuve de votre docilité à leurs leçons. Mais si le *public* a soupçonné lui-même *des intentions irréligieuses dans les attaques* des journalistes inculpés, pourquoi voulez-vous que deux magistrats éclairés ne voient pas ce que voit le public? Ne sont-ils pas tenus, au contraire, de signaler les entreprises coupables des ennemis de l'Etat, qui, n'osant attaquer ouvertement les pouvoirs qui le gouvernent, minent en secret les bases sur lesquelles il s'appuie?

Au lieu de ressasser ces lieux communs du libéralisme en faveur des deux journaux que vous défendez, un écrivain impartial et ami de son pays eût examiné de sang froid s'il n'est pas vrai que, depuis des années, ces pamphlétaires déversent de mépris sur les choses et les personnes de la religion, provoquant à la haine contre les prêtres, propageant contre eux, avec acharnement, des milliers d'accusations fausses, reproduisant avec satiété quelques accusations vraies, peu importantes par elles-mêmes et qu'on a soin d'empoisonner, outrageant sans pudeur ces âmes nobles et généreuses qui se dévouent au soulagement de toutes les misères humaines. Voilà des faits trop avérés, Monsieur le Comte; nous vous défions de les nier, et vous vous contentez d'appeler cela des *inconvenances !*

Enfin « nous sommes arrivés, dites-vous, après beau-
» coup d'autres souverainetés, à la souveraineté des
» prêtres. » Ainsi les prêtres succèdent à l'Assemblée constituante, à l'Assemblée législative, à la Convention, au Directoire, à Buonaparte; et les enfans de Saint Louis sont eux-mêmes comptés pour rien. Ce sont les prêtres qui font tout, qui règnent partout, même dans les montagnes d'où M. de Montlosier lance sur eux, avec un noble courage, les anathèmes du libéralisme. Ce sont de pauvres souverains que ces prêtres qu'on insulte chaque jour avec impunité, avec succès, auxquels le moindre villageois désobéit sans façons, et dont la triste condition offre un objet de spéculation à des hommes coupables, ennemis de toute so-

ciété, qui, avec les calomnies et les outrages déversés chaque jour sur les prêtres, se forment un état et un revenu.

Avant d'attaquer corps à corps la *Congrégation*, les *Jésuites*, les *Ultramontains*, et enfin, tous les prêtres en général, vous ne craignez pas d'affirmer, Monsieur, que les *prêtres continueront à avoir votre respect* : que, sans doute, ils vous repousseront, et vous pouvez vous y attendre ; mais que vous serez repoussé par des hommes que vous *chérissez*.

On voit que M. le Comte, au milieu des plus graves discussions, a toujours le petit mot pour rire.

CHAPITRE PREMIER.

De la Congrégation.

Avant de traiter ce sujet, je dois prévenir M. le comte de Montlosier que je suis absolument étranger aux Congréganistes, aux Jésuites, aux Ultramontains, et que je n'ai pas même l'espoir d'obtenir la plus petite part dans la souveraineté chimérique qu'il suppose au clergé. Je dois dire de plus, que peut-être même je n'ai pas toujours eu à me louer de ces Messieurs; mais je tâche d'être un vrai chrétien, et je leur pardonne. Il ne s'agit point ici de procédés, il s'agit des plus chers intérêts de la religion et du sacerdoce.

Vous attaquez, Monsieur le Comte, la *Congrégation*; et cependant, d'après votre aveu, « il vous est aussi difficile de dire avec précision ce qu'elle est, que de montrer au temps passé, comment elle s'est successivement formée, étendue, organisée. » Selon vous, tantôt son corps est entier, tantôt il ne l'est pas ; son objet n'est pas moins difficile à déterminer que sa nature, tantôt c'est un sénat de sages, tantôt c'est un foyer d'intrigues et d'espionnage. Son caractère est compliqué ; il s'échappe dès qu'on veut le saisir, etc. De tout cela il résulte que vous ne connoissez pas la *Congrégation*, et que vous en avez des idées bien confuses. N'importe ! vous commencez par attaquer, par décrier ce que vous avouez vous-même ne pas connoître. Vous nous citez les affiliations que formoient les anciens Jésuites ; comme il est convenu que les anciens Jésuites ne pouvoient créer rien de bon, vous faites le procès à toutes leurs anciennes affiliations en général; et, par un effort de logique vraiment merveilleux, vous concluez contre la *Congrégation*, telle qu'elle est aujourd'hui. Voici à peu près votre raisonnement : les Jésuites ont formé autrefois des affiliations; quelques-unes de ces affiliations ont excité, il y a un siècle, la sollicitude des ennemis des Jésuites, quoiqu'on y fît le serment *d'être soumis aux lois et aux magistrats, et de faire toutes sortes de bonnes œuvres*. Donc la *Congrégation* d'aujourd'hui est évidemment mauvaise, quoiqu'il *soit difficile de dire avec précision ce qu'elle est*.

Dans votre haine contre les associations pieuses, vous frappez même sur ce qu'on appelle la *petite Eglise*, sans réfléchir que cette petite Eglise combat sous vos bannières, qu'elle n'admet point les bulles de Rome, qu'elle est l'opposé des *Pères de la foi*, qu'elle est *ultrà-gallicane*, et qu'elle proteste comme vous, contre tout ce qui a été fait, contre tout ce qui se fait, contre tout ce qui se fera par le Pape et par les évêques.

Vous convenez qu'après l'ordonnance du 5 septembre 1816, la monarchie étant exposée à un danger imminent, on s'appela de tous côtés, on s'excita, on se réunit pour la défense du trône, et que les affiliations pieuses se multiplièrent. Il est donc de l'essence de ces affiliations d'opposer une résistance aux ennemis de la monarchie. Un écrivain qui s'en dit le défenseur, a-t-il le droit de se plaindre de ces affiliations ?

Ce ne sont pas les seuls Congréganistes qui regardent comme insuffisant ce qui a été fait ou ce qui se fait encore aujourd'hui pour la religion; et la prépondérance de la *Congrégation* ne fait rien dans cette circonstance. Vous ne connoissez pas la France, si vous ignorez que, grâce à Dieu, il y existe toujours une classe nombreuse d'hommes éclairés, étrangers à tout esprit particulier, à toute association isolée, qui sont chrétiens comme l'étoient nos pères, et qui aiment le Roi, comme au temps des Bayard et des Joinville. Ces vrais Français demandent en vain, depuis des années, que la religion et la monarchie qui se soutiennent l'une par l'autre, soient assurées par des lois, par des institutions, et c'est ce que n'avoient pas voulu ou n'avoient pas pu entendre les différens ministères qui s'étoient succédé depuis le rétablissement de la monarchie. Depuis douze ans, l'impiété a fait plus de ravages dans la nation, qu'elle n'en avoit fait sous le régime révolutionnaire, et la monarchie en est ébranlée.

Nous avions toujours espéré que l'autorité viendroit à bout de mettre fin à l'incertitude de notre situation morale et politique. Hélas! il n'y a plus d'incertitude aujourd'hui, et l'esprit d'anarchie triomphe de toutes parts. Ce n'est plus sur le terrain de la monarchie que le ministère se défend ; ce n'est plus là qu'il est attaqué. De petites passions haineuses, des antipathies, des vanités offensées, voilà les adversaires que nos ministres ont à combattre, et l'autorité les renverseroit d'un souffle, si elle se plaçoit dans la position que lui indique l'opinion des bons Français, et où l'appellent la religion et la monarchie de Saint Louis. Qu'on ne s'y trompe pas, on est éclairé sur les motifs des hostilités dirigées en général contre le pouvoir. A l'exception d'un petit nombre de vrais royalistes, qui encore ne demandent pas un changement de ministère, mais qui demandent la conservation de ce que nous avons de plus sacré, tous ceux qui attaquent aujourd'hui l'autorité et la personne des ministres, ne sont pas plus attachés à une opinion qu'à une autre; ils ne voient que les places et les personnes, et l'on pense bien qu'ils ne s'oublient pas eux-mêmes. N'a-t-on pas vu déjà quelques-uns de ces adversaires des ministres, après avoir jadis défendu le trône, se résigner aujourd'hui à l'idée d'une république, bien entendu qu'ils y joueroient un rôle ?

Aussi, au milieu de cette guerre prolongée contre les ministres du Roi, le vrai sage, l'ami de son pays est également fatigué et de l'attaque et de la défense. Dans cette lutte fastidieuse, les intérêts monarchiques sont communément oubliés, ou l'on ne s'en occupe que d'une manière indirecte, et comme d'un moyen d'attaquer le pouvoir. Les doctrines anarchiques vont toujours leur train. La lutte continue toujours sans qu'on puisse prévoir quel en sera le résultat. Les partis opposés ne s'en occupent guère ; en attendant, il faut se battre (1).

Que m'importe après cela que la *Congrégation* soit dans le ministère, ou le ministère dans la *Congrégation*?

---

(1) Il sera bien facile de renverser la religion, du moment où elle ne sera plus qu'un parti, et que ses défenseurs ne seront plus que des Congréganistes. C'est ce que voudroient persuader les ennemis de la religion.

Je ne vois ici qu'une particularité, un isolement, des pratiques pieuses, des bonnes œuvres, des réunions périodiques formées sous les auspices de la religion. Mais je ne vois point dans cela les destinées de la France. La *Congrégation* n'est pas assez puissante pour la sauver ; il faudroit être bien absurde pour dire qu'elle peut la perdre.

Le libéralisme qui aime l'impiété, et, par conséquent, la destruction et la mort, paroît s'alarmer de voir des ministres affiliés à la *Congrégation*. J'ignore ce fait ; mais il n'y a pas lieu, pour les anarchistes, de s'en effrayer. Comment ne voient-ils pas qu'un ministre, en s'attachant à une congrégation pieuse, peut se persuader qu'il s'acquitte par là de ce qu'il doit, comme homme d'Etat, à la religion qui attend de lui les plus grands sacrifices ? Sans doute, je suis édifié, consolé, ou du moins distrait un instant de mes sollicitudes, lorsque je vois des hommes élevés par leur pouvoir, se confondre avec de simples citoyens, et remplir avec humilité les saintes obligations imposées à tous les chrétiens. Mais de tels exemples ne peuvent que consolider et embellir une œuvre déjà faite, et non suppléer à ce qui doit être fait pour maintenir la religion et la morale publique.

Vous ne voulez pas, monsieur le Comte, que de pauvres ouvriers, des artisans se réunissent les dimanches et les fêtes pour des pratiques de piété, et l'association de Saint-Joseph paroît vous porter ombrage. Vous aimeriez mieux, peut-être, que ces gens-là employassent leur jour de repos à des divertissemens, à des jeux ruineux, à des excès, dépensant en un instant, dans des tabagies, tout le produit du travail d'une semaine, rentrant chez eux ivres et sans argent, et répondant, par d'horribles blasphêmes et par des coups, à leurs femmes et à leurs enfans qui leur demandent du pain.

Vous êtes effrayé des préparatifs qui se font à Versailles pour assurer du travail et des mœurs à la classe si nombreuse des ouvriers. Cette entreprise vous paroît même si coupable, que vous n'osez désigner en toutes lettres l'abbé L..... qui en est l'auteur, tant vous avez de ménagemens pour ceux que vous soupçonnez d'appartenir aux Jésuites et aux Congrégations. Pourquoi ne nous dites-vous pas tout simplement que M. l'abbé L.... est M. l'abbé Lœwenbruck ? Car je suis convaincu que ce brave ecclésiastique n'a pas peur d'être connu. Il est du nombre de ces âmes généreuses qui affronteroient tous les périls, même la mort, pour faire le bien. Ces gens-là sont redoutables, monsieur le Comte, et je suis étonné que vous ne les ayez pas envisagés sous ce rapport. Les ennemis de la religion n'iront jamais jusqu'à répandre leur sang pour l'honneur de leurs principes ; c'est pour cela qu'ils ont toujours mal jugé leurs adversaires, et qu'ils se sont toujours trompés dans leurs calculs. L'Assemblée constituante, la Convention, le Directoire et Buonaparte croyoient, comme vous, que les prêtres n'avoient que des vues humaines. Prenez-y garde, Monsieur, il y a des espérances et un avenir, et dans la *Congrégation*, et dans l'association de Saint-Joseph, et chez tous les bons prêtres; vous n'y songiez pas.

CHAPITRE II.

Des Jésuites.

Ce que je dis de la *Congrégation*, je le dis des *Jésuites*. Tout ce qu'on débite contre ces instituteurs, toutes les intentions qu'on leur attribue, tous les jugemens qu'on se permet à leur égard, sont déraisonnables, et même dérisoires, dès qu'on peut supposer que ces hommes, si indignement outragés par nos pamphlétaires, peuvent être de bonne foi. Je sais que ce mot *bonne foi* est presque inintelligible pour des écrivains de parti, qui se font un jeu de nier l'évidence, et chez lesquels tout est calcul et ambition. Je n'applique point ces remarques à M. le comte de Montlosier ; je le suppose seulement égaré et trompé par les écrivains dont je parle. Nous pouvons même dire, par ce que nous avons vu plus haut, qu'il en est tout-à-fait subjugué, qu'il est, à leur égard, d'une docilité étonnante. Je reviens aux *Jésuites*.

Le bon sens me dit que quand je suppose à un homme, ou à plusieurs hommes un but quelconque, il faut qu'il y ait dans leur conduite quelque chose qui se rapporte à ce but. Quand je vois un voyageur prendre la route de Toulouse ou de Marseille, je n'imagine pas que son intention soit d'aller directement à Amsterdam, ou à Hambourg. Celui qui réside toujours à la campagne et dans la province, n'est pas censé vouloir se produire à la cour ; je serois injuste envers M. de Montlosier, si je le soupçonnois d'être courtisan. Celui qui veut avoir de l'influence et des richesses, se place auprès de ceux qui possèdent et donnent ces avantages, et il seroit ridicule d'accuser d'aimer le monde, ceux qui fuient le monde avec tous ses biens, ses plaisirs et ses prétentions.

Je suis vraiment fâché, M. le Comte, que vous vous soyez donné tant de peine pour exhumer, dans le second chapitre de votre *factum*, tout ce qu'on a dit, tout ce qui a été fait contre les anciens *Jésuites*; car cette peine étoit complètement inutile. Quand je vous accorderois que tout ce que vous nous répétez après tant d'autres, est très-certain, et ne peut être contesté, qu'en pouvez-vous conclure contre ceux qui aujourd'hui sont accusés d'être *Jésuites*, et qui ne sont connus que sous le nom de *Pères de la foi*? Que diriez-vous, Monsieur, si j'allois chercher dans l'histoire du moyen âge, tous les traits honteux, toutes les cruautés, toutes les infamies qui ont été imputées à la féodalité, non par quelques particuliers isolés ou réunis, mais par l'histoire même de plusieurs siècles, et que, venant tout à coup au siècle présent, j'accusasse des mêmes crimes les héritiers de ces petits tyrans, ou simplement même leurs amis et leurs défenseurs? D'après ce rapprochement, jugez-vous vous-même.

Quelle idée d'ailleurs nous donnez-vous de votre équité, de votre impartialité, en reproduisant tout ce que la haine a enfanté contre les *Jésuites*, sans nous dire un mot de ce qui a été écrit en leur faveur? Ne deviez-vous pas peser avec circonspection des accusations aussi graves? Étoit-il de votre dignité de vous traîner sur les traces de quelques misérables visionnaires, aussi crédules qu'ignorans, et auxquels le nom de *Jésuite* cause encore des insomnies? Vous croyez avoir fait une admirable découverte lorsque vous nous faites voir qu'il y a aujourd'hui, en France, quelques hommes qui appartiennent à la société des *Jésuites* d'aujourd'hui.

Quoi? il est donc convenu qu'un *Jésuite* n'a jamais été et ne sera jamais qu'un scélérat, un fanatique, un ambitieux? Voilà pourtant, Monsieur, ce qu'il faut que vous établissiez en principe, pour que votre *factum* contre les *Jésuites*, qui peuvent exister encore, ne soit pas absurde. S'il y a eu dans cet Ordre des hommes vraiment recommandables, de bons religieux, d'excellens instituteurs, des littérateurs aimables, des écrivains distingués, pourquoi voulez-vous que nos Pères de la foi ne prennent pour modèles que quelques malheureux qui ont été condamnés au dernier supplice, et non ceux qui ont brillé dans les lettres, dans les sciences, ou qui se sont illustrés par les missions, par la conversion des nations barbares, par le courage le plus héroïque? Il faut donc être ambitieux et conspirateur pour se retirer du monde, pour vivre de privations, pour renoncer à toutes les douceurs de la vie et prendre l'engagement terrible de fouler aux pieds les mépris, les injures, les calomnies les plus noires et la haine persévérante des hommes du jour, sans jamais murmurer ni se plaindre? Oh! Monsieur, vous êtes un noble chevalier français : combien vous devez être fâché des torts que vous vous permettez envers de pareils ennemis! Leur conduite doit mettre le comble à votre confusion et à vos regrets ; car ils vous pardonnent.

CHAPITRE III.

De l'Ultramontanisme.

Vous commencez cet article par un témoignage très-flatteur pour un journal qui a cessé d'exister il y a trois mois, et qui s'intituloit : *La France catholique*. Ce journal avoit déjà été abandonné par plusieurs de ses rédacteurs qui, voulant toujours être catholiques et français, ne pouvoient rester attachés à une entreprise littéraire formée contre l'unité catholique, et rédigée sur un ton qui ne se tolère pas chez des gens bien élevés. Le public a été de l'avis de cette minorité, et les chefs de ce journal ont fini par succomber sous le poids de l'opinion. Comment ignorez-vous, M. le Comte, qu'en France on est catholique-romain, ou l'on n'est rien du tout? Vous qualifiez aujourd'hui d'*ultramontains* tous ceux qui tiennent à la religion de nos ancêtres. Ce mot doit servir de supplément à *l'abus des mots dans le langage révolutionnaire*. Les coryphées du dernier gouvernement traitoient de *capucins* les hommes vertueux qui osoient parler de religion et de morale. Le mot *ultramontain* est moins populaire et plus joli ; mais il tend toujours au même but.

Cependant, il n'est pas encore bien certain que tous ceux qui en font usage, sachent tout le parti qu'ils peuvent tirer de cette qualification. Vous, Monsieur, vous l'exploitez dans toute son étendue; non content d'appeler ultramontains tous ceux qui, comme chrétiens et catholiques, sont attachés à la chaire de Saint-Pierre, vous allez jusqu'à regarder comme ennemis de la couronne tous ceux que vous qualifiez d'ultramontains.

Il y a dans l'ultramontanisme deux opinions bien distinctes : l'une a rapport au pouvoir des Papes sur le temporel des Rois, et c'est celle qui est condamnée par le premier des quatre articles de l'assemblée de 1682. C'est calomnier indignement le clergé de France, que de le supposer partisan de cette opinion réprouvée. Jamais l'indépendance de la couronne n'a trouvé de plus zélés défenseurs, que parmi les membres de cet illustre clergé.

L'autre opinion ultramontaine, est purement théologique, et a rapport à la suprématie du Pape sur le concile œcuménique, à son infaillibilité dans les matières de dogme et de discipline, et à l'irréformabilité de ses jugemens dans les causes majeures. On appelle causes majeures celles qui ont pour objet la foi de l'Église, l'administration, et les personnes qui en occupent les premières dignités.

La bonne foi exigeoit, Monsieur, que vous prissiez la peine de distinguer ces deux opinions. Sans vous embarrasser d'une distinction que vous imposoit la tâche que vous aviez prise, vous raisonnez à l'aventure sur l'ultramontanisme, niant ou feignant d'ignorer des faits connus, accusant témérairement les plus saints personnages, et présentant sous de fausses couleurs des événemens trop rapprochés de nous, pour qu'il soit permis de les travestir. Vous osez dire que, lorsque le vénérable pontife Pie VII est venu sacrer Buonaparte comme empereur, « il consen-
» toit à donner une couronne, ou, ce qui est la même
» chose, à consacrer comme légitime une royauté qui ne
» l'étoit pas. » Comment ignorez-vous encore que Pie VII refusa long-temps de se rendre aux demandes et même aux menaces de Buonaparte, qui vouloit absolument être sacré par lui? Comment êtes-vous encore à savoir que ce saint Pape ne céda à de telles demandes, que dans la vue d'épargner de grands malheurs à la religion? Certes, on doit croire qu'il n'étoit pas disposé à accorder à Buonaparte plus que Buonaparte ne lui en demandoit. Or Buonaparte ne demandoit pas que le Pape le fît empereur; il croyoit bien l'être par lui-même, ou par le Sénat et *par les Constitutions de l'empire*, et il n'eût pas voulu qu'au

cune puissance sur la terre s'imaginât lui avoir donné la couronne. Il n'étoit pas question pour lui de légitimité ; il n'étoit question que du fait. Le Pape, en le sacrant, ne prétendoit pas consacrer rien de légitime. Le nouvel empereur n'y songeoit pas lui-même. Il vouloit seulement se rendre plus respectable aux yeux des peuples. Il vouloit surtout faire voir jusqu'où alloit sa puissance, puisqu'il pouvoit contraindre un Pape à venir de Rome, à braver les neiges et les aspérités des Alpes, pour le sacrer à Paris.

Comme vous êtes en train de régenter tout le monde, il n'est pas étonnant qu'après avoir régenté un Pape, vous fassiez aussi le procès à un archevêque. Vous blâmez M. le cardinal de Clermont-Tonnerre, pour la lettre où il s'est plaint de ce que les évêques recevoient des bureaux du ministère de l'intérieur, l'ordre d'enseigner les quatre articles. Vous appelez cela « mettre de l'obstination à la dé- » fense des principes ultramontains. » Quelle bonne foi, Monsieur, et quelle logique ! Vous ne voulez pas voir qu'il ne s'agit pas ici de la doctrine des quatre articles, mais d'une inconvenance et d'un manque de respect envers l'autorité des évêques. Vous parlez d'ultramontanisme, et il s'agit seulement de savoir si un pouvoir laïc a le droit de prescrire au clergé un enseignement théologique quelconque. Au reste, Monsieur, vous ne faites que renouveler l'erreur qui a été commise il y a dix-huit mois. Seulement nous espérons que, pour cette fois, ni vous, ni nous, nous ne serons pas mis en cause.

Vous faites l'énumération de plusieurs ultramontains célèbres, et vous citez leurs écrits. La plupart de ces gens-là sont morts depuis long-temps. Mais, ce à quoi vous ne pensez pas, c'est que les Bellarmin, les Molina, les Suarez n'étoient en ce genre, que des nains au prix de vous. Votre livre, n'en doutez pas, fera plus d'ultramontains que n'en firent jamais en France les ouvrages des plus célèbres docteurs d'Italie. Vous avez le bonheur d'outrager tout ce qu'il y a de bon et de respectable, les hommes et les choses. Les personnes qui ont de la droiture, mais qui sont étrangères à ces sortes de discussions, concluront que l'ultramontanisme est une excellente chose, puisque vous faites la guerre à l'ultramontanisme. Les prêtres éprouveront le besoin de se rapprocher bien davantage du père commun et du protecteur de tous les fidèles, puisque, dans leur patrie on peut les outrager ainsi impunément, et calomnier sans pudeur le sacerdoce établi par J.-C. Bientôt personne ne voudra plus être gallican ; on rougira d'être soupçonné de penser comme les ennemis de la religion. Voilà de vos chefs-d'œuvre, MM. les écrivains de parti.

CHAPITRE IV.

De l'esprit d'envahissement chez les prêtres.

Vous accusez les prêtres de chercher à faire valoir dans la société les axiomes suivans : « 1° la morale est néces- » saire à la société : 2° la religion est nécessaire à la mo- » rale ; et, comme le prêtre est nécessaire à la religion et » à la morale, celui-ci doit avoir dans la société l'impor- » tance qui appartient à l'une et à l'autre. » Faut-il vous apprendre, M. le Comte, que ces vérités ont été reconnues et proclamées non-seulement par les prêtres, mais même par tous les esprits éclairés, dans l'antiquité comme dans les temps modernes, chez les païens comme chez les chrétiens ? La nécessité de la morale, l'alliance inséparable de la religion et de la morale, telles sont les bases sur lesquelles ont été établies plus ou moins imparfaitement toutes les sociétés humaines. Voudriez-vous refaire les hommes et les sociétés et nous ramener aux beaux jours de notre révolution ? Cicéron a dit quelque part : *Qui sancti, nisi qui meritam Diis immortalibus gratiam justis honoribus et memori, mente persolvunt ?* (Pro Planc. 80.)

Vous voulez bien qu'on reconnoisse qu'il faut honorer la religion ; mais vous ne voulez pas que « des honneurs » dus à la religion on passe aux honneurs dus au sacerdoce.» On peut donc, selon vous, méconnoître ce qui est dû au sacerdoce, et cependant honorer la religion ; ou, il peut y avoir une religion sans sacerdoce. Alors aussi on respectera les lois sans respecter la magistrature, et la monarchie, sans respecter la royauté. Vous rappelez-vous, Monsieur, cette terrible sévérité exercée, dans le dernier siècle, par un de nos parlemens envers un jeune militaire qui venoit d'insulter un magistrat, au moment où il alloit rendre la justice ? Le sanctuaire de la justice fut fermé, le militaire arrêté sur-le-champ, et quelques instans après, attaché à un infâme gibet devant le palais même de la magistrature. On croyoit alors que manquer à la magistrature, c'étoit manquer aux lois. Mais M. de Montlosier ne veut pas que des honneurs dus à la religion on passe aux honneurs dus au sacerdoce. Cependant les prêtres n'exigeront pas qu'on traite aussi sévèrement ceux qui les outragent.

Des honneurs dus au sacerdoce, vous passez, Monsieur, aux attributions qui lui sont essentielles. Vos inculpations sur ce point, sont bien vagues et bien peu réfléchies. Les ministres de la religion n'ont jamais refusé l'intervention de la puissance civile dans les mariages et les baptêmes, considérés comme actes civils, mais seulement dans les mariages et les baptêmes considérés comme Sacremens. Les ministres de la religion enseignent qu'ils ont été institués pour faire respecter le pouvoir temporel, et que le pouvoir temporel a été établi pour protéger la religion et ses ministres. Vous convenez que Bossuet a enseigné cette doctrine, qui est celle de tous les pères de l'Eglise et de tous les habiles jurisconsultes. Vous dénoncez Bossuet à la nation. Bossuet dénoncé par un écrivain qui prétend défendre la religion et la monarchie....! Voilà un trait caractéristique de notre siècle. Mais à qui dénoncerons-nous M. de Montlosier lui-même?

Il seroit difficile de vous suivre, Monsieur, dans la seconde partie de votre ouvrage, où vous prétendez déduire les conséquences des faits que vous venez d'exposer. Comme ces faits ne sont pas présentés par vous d'une manière très-claire; comme vous n'êtes pas très-versé dans les matières que vous traitez, et que vous confondez souvent les idées et les choses, ainsi que je viens de le démontrer jusqu'à l'évidence, je vous demande quelle conséquence raisonnable vous pourrez tirer de ce qui est incertain pour vous-même, de ce qui est indéfini; quelle sera enfin votre conclusion d'un argument dont les prémisses ne sont point de votre compétence, et sont mal établies?

Vous osez mettre en question si l'on supprimera la Congrégation, et vous vous décidez pour cette mesure. De quel droit, Monsieur, supprimeroit-on une association de personnes qui, sous la surveillance des lois, se livrent à des bonnes œuvres et à des pratiques de piété? C'est donc l'intolérance la plus odieuse qui guide votre plume? Sous le prétexte du bien public, et avec les mots usés de conspiration, de complot, de puissance occulte, vous allez donc vous traîner honteusement à la suite de la Convention et du Directoire ? Qui vous empêche de surveiller les Congréganistes ? Puisque vous les connoissez si bien, ils ne se cachent donc pas de vous. Vous et les vôtres, vous êtes en état d'en faire le recensement, et ce recensement vous donne 48,000 individus. Convenez pourtant qu'une association si bien surveillée, si bien comptée, ne doit offrir rien de dangereux. Mais, vous oubliez encore quelque chose : ces malheureux que consolent et soutiennent de bons Congréganistes, ils sont très-nombreux ; ils sont Congréganistes de cœur. Pourquoi ne pas les inscrire aussi sur vos tables de proscription, et ne pas proposer une loi qui défende aux Congréganistes de venir au secours de l'infortune ?

Mais ces libéraux avec lesquels vous avez conclu une paix si touchante, pourriez-vous nous dire, Monsieur, à quel nombre s'élève leur association ? Car ils forment aussi, dans leur genre, une congrégation qui a des affiliés partout ; dans les villes et dans les campagnes, dans les palais et dans les chaumières, dans les ateliers et dans les académies. Il n'est pas très-certain que, dans le cas où la monarchie seroit menacée, cette congrégation lui offrît un contre-poids pour l'empêcher de succomber, comme vous voulez bien le dire en faveur de celle dont vous demandez la ruine. Il paroît que vous négligez les détails relatifs à la congrégation des libéraux. Pour ceux-ci, du moins, vous leur permettez de s'entendre et de correspondre. On les voit, en un moment, former des masses, lever des sommes immenses, effrayer le pouvoir et menacer la tranquillité publique. Qu'importe ! Il est évident que les seuls congréganistes qu'on doive craindre, sont ceux qui se réunissent sous les étendards de la religion.

Je ne prétends pas que le prétexte de la religion ne puisse couvrir des abus et former des hypocrites. Les passions des hommes s'insinuent partout. Mais il faudroit prouver ici, pour conclure à la ruine de la Congrégation qui vous inquiète, qu'elle n'a pu être formée que par des intrigans et par des ambitieux, qu'elle ne peut être maintenue que par l'ambition et par l'intrigue, et que l'autorité n'a aucun moyen de se soustraire à son influence. Le seul nom de l'illustre personnage que la France et la religion viennent de perdre, répond victorieusement à de pareilles inculpations ; et les éloges que les *amis* même de M. de Montlosier ont donnés à la mémoire de M. le duc Mathieu de

Montmorency, réfutent complètement les reproches que M. de Montlosier se permet indistinctement contre les Congréganistes.

Revenons aux Jésuites; examinons encore ce qu'en dit M. de Montlosier, l'un de leurs ennemis les plus implacables. Est-ce bien sérieusement, Monsieur, que vous voulez mettre sur le compte de ces célèbres instituteurs les impiétés de d'Alembert, de Raynal, d'Helvétius, de Voltaire qui avoient été leurs disciples? Comme il n'a jamais existé dans le monde aucun scélérat qui n'ait été élevé par quelqu'un, et qu'il n'y a jamais eu aucun corps enseignant, aucune université, aucune corporation qui puissent se flatter de n'avoir pas donné l'éducation à quelques mauvais sujets plus ou moins criminels, il s'ensuivroit qu'il faudroit faire le procès à tous ceux qui ont enseigné ou qui enseigneront la jeunesse. C'est là la conséquence à laquelle vous semblez prétendre; car vous faites aussi un reproche à MM. les Sulpiciens de l'impiété de Diderot, qui avoit fait, dites-vous, cinq ans de théologie au Séminaire de Saint-Louis, dépendant de Saint-Sulpice. M. de Montlosier n'a pas consulté son almanach royal; il auroit vu que ce séminaire étoit dirigé par des prêtres séculiers. Cette petite erreur, du reste, fournit une occasion d'envelopper les Sulpiciens dans l'anathème prononcé contre les Congréganistes.

Dans votre plaidoyer contre les Jésuites, votre étonnante logique se soutient toujours. De ce que l'expulsion des Jésuites n'a pas fait cesser de suite l'autorité de la religion en France, vous en concluez qu'elle n'a pas nui à la religion. Il y a eu après la suppression des Jésuites d'excellens écrivains, qui ont défendu la cause de la religion, contre ceux qui conspiroient sa ruine; il y a eu des âmes vertueuses qui l'ont pratiquée malgré le relâchement des mœurs; des bienfaiteurs généreux qui l'ont protégée malgré les succès des impies contre les Jésuites; donc la retraite des Jésuites n'a laissé aucun vide dans l'éducation; donc elle n'a pas été un triomphe pour les impies qui probablement étoient inspirés par le zèle pour la religion, lorsqu'ils ont sollicité et obtenu cette mesure. Voilà, Monsieur, votre manière de raisonner; je vous en laisse le juge.

Il y a eu, dites-vous, des Jésuites pendus, brûlés, écar-

telés. Deux siècles se sont écoulés depuis ces exécutions sanglantes. On vous demande si les Jésuites qui existent aujourd'hui, méritent aussi d'être pendus ou brûlés vifs. Vous répondez qu'ils ne le méritent pas, qu'ils donnent de bons principes à la jeunesse, qu'ils n'ont point une morale relâchée, qu'ils se montrent même très-austères. Mais ce sont de jeunes louveteaux « qui vous caressent, qui vous lèchent.
» Laissez-les grandir ! Rois de l'Europe, l'institution des
» Jésuites vous lèche, vous caresse. Elle est dans l'inno-
» cence de l'âge. Laissez-la arriver à la puberté ! Laissez-
» la développer son véritable caractère ! »

Voyez, Monsieur, comme ces pauvres Jésuites vous mettent, sans le vouloir, en contradiction avec vous-même. Tout à l'heure vous ne voyiez partout que des Jésuites ; ils subjuguoient toute la nation, par les Congrégations, par le ministère, par leur pouvoir sur la génération naissante ; vous étiez effrayé vous-même de cet état de choses ; et encore vous ne faisiez qu'énoncer des faits. Actuellement vous raisonnez sur ce que vous avez avancé. Mais les Jésuites ne sont plus de gros loups qui dévorent les gens ; ce sont, pour le moment, de jeunes louveteaux qui vous lèchent, en attendant mieux ; le mal n'est donc pas encore aussi grand que vous le dites. Vous avez vu de charmans louveteaux en Auvergne ; pourquoi voudriez-vous qu'on n'en rencontrât pas ailleurs ? Ceux de Saint-Acheul et de Montrouge ont bien, je crois, quarante ou cinquante ans. Leur pli est pris, et ils ont encore toute la douceur des jolis petits loups de votre pays. Mais, nous voilà bien avertis ; on les surveillera.

Malgré le changement que vous ne pouvez méconnoître dans un institut auquel vous rendez aujourd'hui justice, comme malgré vous, vous nous dites, toujours d'accord avec vous-même, qu'il n'y a rien de changé, que c'est toujours le même esprit. Vous en donnez pour preuve la bulle du pape Pie VII, qui rétablit l'institut et la règle des Jésuites ; or il est clair que le fondateur de cet ordre n'a eu pour but que de former des sujets pour la potence et pour le bûcher. Il avoit commencé par procurer à la société de jeunes loups fort caressans. On voit bien que ce n'étoit pas là son arrière-pensée. Il ne songeoit qu'à jeter dans la société de gros vieux loups, peu faciles à rassasier.

Enfin, vous voulez, Monsieur, qu'on supprime les Jésuites d'aujourd'hui. Vous citez les arrêts du parlement, les Rois et le Souverain Pontife même qui les ont supprimés, quoique vous pensiez qu'il y a de la différence entre les Jésuites de ce temps-là et ceux auxquels vous faites maintenant la guerre. Mais ceux-ci sont sans utilité comme corps religieux; nous avons assez, dites-vous, de nos curés et de nos évêques; et vous dites cela sérieusement, sans réfléchir qu'il nous faut encore quinze à vingt mille prêtres pour les besoins de l'Eglise de France. Ils sont inutiles, ajoutez-vous, comme corps enseignant; nous avons assez de nos écoles et de nos universités. Mais tout le monde ne pense pas comme vous. Ceux, par exemple, qui envoient leurs enfans à Saint-Acheul, croient probablement que les Jésuites ne sont pas dans l'Etat une dangereuse superfluité. Pouvez-vous exiger que les pères de famille soient de votre avis, et qu'ils ne suivent point leur opinion dans ce qui tient à leurs plus chers intérêts? L'université elle-même, ce corps présidé par un prélat et composé d'hommes d'un aussi grand mérite, vous donne, Monsieur, l'exemple d'une tolérance que vous devriez imiter.

Il se présente, toutefois, pour la suppression des Jésuites, une difficulté insurmontable; c'est qu'avant de les supprimer, il faudroit les avoir établis. Ils ne sont rien dans l'Etat; ils ne sont que des citoyens comme les autres; ils ne forment point un corps, et vous ne pouvez citer d'eux aucun acte privé ou public qui suppose une corporation. Comment les attaquerez-vous? comme corps? vous serez forcé de prouver son existence. Comme individus? il faudra que vous prouviez qu'ils sont coupables. Irez-vous vous rejeter sur la *tendance?* Ce mot n'a pas réussi lorsqu'il s'est agi de mettre en cause des écrivains irréligieux. Voudra-t-on en tirer parti contre les Jésuites qui n'écrivent rien et dont vous ne pouvez juger que la conduite? Il faut donc être envers eux persécuteurs et inconséquens. Est-ce bien sous le régime de la charte qu'on oseroit nous proposer de semblables mesures?

Etes-vous plus heureux, Monsieur, dans vos observations sur *l'ultramontanisme?* C'est ce que nous allons voir.

D'abord, confondant à votre ordinaire dans les opinions ultramontaines, celles qui intéressent la politique des Etats, avec celles qui ne sont que théologiques, vous sup-

2*

posez indistinctement que l'ultramontanisme fait parmi nous des progrès qui doivent inspirer des craintes. Non, Monsieur, l'ultramontanisme, comme vous l'entendez, ne fait point de progrès parmi nous. Nous persévérons tous dans cette doctrine véritablement française, qui assure à nos Souverains l'indépendance de leur couronne. C'est un fait trop évident pour qu'il soit nécessaire d'en donner preuve. L'adresse présentée dernièrement par nos illustres Prélats à Sa Majesté, est un témoignage assez authentique pour répondre victorieusement à vos imputations. L'exaltation et les erreurs de quelques particuliers, ne peuvent être attribuées au clergé de France. Quant aux opinions théologiques ultramontaines, sans doute elles paroissent plus que jamais s'accréditer parmi nous. Le clergé de France éprouve aussi plus que jamais le besoin de se rapprocher intimement du chef du sacerdoce chrétien, et de ne plus contester sur les limites de son pouvoir spirituel. D'où vient, Monsieur, cette nouvelle disposition des esprits? Cela vient des mauvaises doctrines et du système impolitique dont vous êtes le défenseur. Si on eût laissé au clergé de France sa juridiction, sa discipline, ses conciles, ses officialités, ses assemblées quinquennales, il eût conservé ses anciennes maximes. Quoi! on méconnoît partout la juridiction des évêques en matière de doctrine et d'enseignement religieux. On veut que des prélats reçoivent des bureaux d'un ministère laïc, des ordres et des documens pour l'enseignement théologique de leurs séminaires! Des laïcs, sous prétexte d'appel comme d'abus, examinent et jugent les mandemens des évêques, et ces nouveaux juges oublient qu'il se trouvoit toujours des juges ecclésiastiques dans les commissions des parlemens qui étoient appelés à statuer sur l'appel comme d'abus. Les intérêts de la religion sont discutés, pour l'ordinaire, par des commissions de jurisconsultes ou d'hommes d'Etat, où le clergé n'est point représenté. Les lois dites organiques, faites sans l'Eglise et contre l'Eglise, sont toujours en vigueur. Tant d'abus contre lesquels le clergé réclame toujours en vain, subsistent toujours, et l'Eglise est toujours opprimée. Vous-même, Monsieur, vous trouvez tout cela admirable, et vous êtes cependant étonné que le clergé de France, ainsi abandonné, privé d'appui et d'une législation qui lui soit propre, mette toute sa confiance dans celui que le souverain pasteur des âmes a établi le pasteur et le protecteur de tout le troupeau. C'est dans le malheur que les intérêts particuliers, que les discussions et les rivalités gardent le silence. L'Eglise de France et le Pontife suprême de la chrétienté, se sont mieux connus et appréciés dans les derniers temps de misère et de persécutions. Les injures, les calomnies, dont le sacerdoce est l'objet, ne contribuent pas à faire oublier ces jours d'épreuve ; comment des procédés coupables pourroient-ils affoiblir les sentimens auxquels ces jours malheureux ont donné une nouvelle force ?

Quel rapport, Monsieur, le discours prononcé par M. de Boulogne à la Chambre des Pairs, peut-il avoir avec l'ultramontanisme ? Il sera donc décidé que toute tentative faite par les évêques, pour l'honneur de la religion et l'indépendance du ministère sacerdotal, dans l'exercice des fonctions spirituelles, sera taxé d'ultramontanisme ? Bientôt on ne pourra plus faire un signe de croix sans être ultramontain ; et, avec les mots de jésuite, d'ultramontain, de congréganiste, nous finirions par n'avoir plus rien de religieux et de moral. Nos révolutionnaires savent très-bien quel parti ils peuvent tirer de ces talismans qu'ils se sont forgés eux-mêmes.

Comment affirmez-vous, Monsieur, que M. l'archevêque de Rouen s'est imaginé « d'imposer à son diocèse un en-
» semble de règles empruntées du neuvième ou du dixième siècle ? » Vous parlez, sans doute, de l'ordonnance que cet illustre et vénérable Prélat publia au mois de mars de l'année dernière, et vous appelez cela un scandale. Vous en êtes bien le maître, comme nous pouvons dire de vous : *Dimittite eum ut maledicat*. Mais vous prétendez que les règles contenues dans cette ordonnance, sont empruntées du *neuvième* et du *dixième siècles*, et cependant ces règles sont celles de Saint Charles Borromée, du concile de Trente, et des conciles tenus en France et en particulier à Rouen, pendant le *seizième* et le *dix-septième* siècles, pour le maintien de la discipline. En vérité, Monsieur, on n'écrit pas avec cette légèreté. Il est vrai que cela est permis, quand il s'agit de blâmer un cardinal et un archevêque.

Vous êtes aussi exact, lorsque vous annoncez que naguère on a fait soutenir à Paris des thèses où l'on « préconisoit
» Grégoire VII et Pie V, où les efforts de Grégoire VII,
» pour détourner l'empereur Henri IV, étoient présentés
» comme un des principaux titres à sa canonisation. »

Avez-vous lu ces thèses, monsieur le Comte? Etes-vous bien sûr de ce que vous dites? Eh bien! il n'y a pas un mot de ce que vous avancez, et vos reproches contre l'illustre chef de l'université sont au moins inutiles; dites-nous vous-même quelle autre qualification peuvent encore mériter de semblables reproches.

Pie V a été canonisé; son office a été introduit dans le nouveau bréviaire de Paris. La bulle *in cœnâ Domini* n'est pas la cause de ces honneurs religieux; c'est la vie toute sainte de ce Pontife qui a pu penser comme son siècle, sans cesser d'être un Saint.

Vos réflexions, Monsieur, sur ce que vous appelez *l'esprit d'envahissement des prêtres*, présentent, comme malgré vous, des faits honorables pour la religion, pour les rois et pour les pontifes. Vous vous permettez de régenter les monarques qui prennent aujourd'hui des mesures pour soustraire la génération naissante aux ravages de l'impiété; Bossuet lui-même, cette lumière du monde civilisé, n'échappe point à votre censure. Auriez-vous oublié que la plus belle époque de la civilisation est celle où Louis XIV et Bossuet répandoient tout l'éclat de leur génie sur la monarchie et sur la religion de Saint Louis? A cette époque, le sacerdoce et l'empire connoissoient leurs attributions, et les faisoient respecter. On ne contestoit point sur les limites du pouvoir, parce que ces limites étoient bien établies, et consacrées par des principes. Aujourd'hui les principes n'existent plus. On confond le pouvoir avec la force : tout ce qui n'est pas servile, est hostile et dangereux; la dépendance est une oppression, et la défense de ses droits un état de guerre.

« En Angleterre, dites-vous, en Allemagne, en France, ce
» ne sont ni les dogmes, ni les préceptes qui effraient les na-
» tions : partout le grand obstacle à notre religion, ce sont nos
» prêtres. Amalgamée avec l'autorité civile, leur autorité est
» odieuse; séparée de l'autorité civile, comme elle devient
» rivale, elle est embarrassante; on ne sait ni comment la
» réprimer, ni comment la favoriser; on ne sait comment
» vivre avec elle. »

Donc, et je suis étonné que cette conclusion vous échappe, il ne nous faut pas de prêtres. Cette conclusion est nécessairement déduite de vos prémisses. La Convention et le Directoire n'auroient pas mieux raisonné.

Cependant, Monsieur, réfléchissons un peu : Vous dites que les prêtres sont partout un obstacle à la religion ; mais ne sont-ce pas les prêtres qui ont, au contraire, établi la religion partout? Que seroient l'Allemagne, l'Angleterre et toute l'Europe sans les prêtres et les apôtres qui leur ont été envoyés? Aujourd'hui encore, il se fait de nombreuses conversions. Par qui se font-elles? N'est-ce pas par le ministère des prêtres? On ne sait que faire, dites-vous de l'autorité ecclésiastique ; cela est vrai pour celui qui ne croit plus à la religion. Louis XIV, et Saint Louis et Charlemagne étoient-ils embarrassés de l'autorité des prêtres? Ils savoient la respecter et s'y soumettre, comme ils savoient la maintenir dans ses justes limites. Ne diroit-on pas que c'est d'hier que la société est faite, et que les nations chrétiennes ont vécu jusqu'à ce jour, sans savoir comment elles devoient se conduire à l'égard des prêtres?

Soyons de bonne foi, monsieur le Comte, ce qui met obstacle à la religion, ce ne sont pas les prêtres, mais ceux qui ne veulent pas de prêtres. On ne croit plus à rien et l'on voudroit que tout le monde fût incrédule. Des fortunes scandaleuses s'élèvent de toute part; pour être chrétien, il faudroit restituer, et l'on aime mieux vivre sans religion. La vanité, l'amour des richesses et des plaisirs règnent partout, et la religion commande impérieusement l'humilité, l'esprit de pauvreté et de pénitence. Voilà les obstacles qu'elle oppose elle-même à son adoption ; car elle ne peut être que ce qu'elle est, autrement elle cesseroit d'être. Les prêtres ne peuvent changer la religion dont ils sont les interprètes et les ministres, et non les maîtres ; ils ne peuvent transiger ni sur ses dogmes, ni sur sa morale. Cet ordre de choses, invariable par lui-même, embarrasse, sans doute, les Etats où la corruption triomphe, et qui ont perdu leurs mœurs ; mais il convient très-bien aux nations qui ne sont pas dépravées. Celles-ci ne sont pas embarrassées du christianisme.

―――――

Après avoir exposé, à votre manière, le système que vous combattez ; après avoir condamné ce que vous avouez vous-même ne pas connoître ; après avoir proscrit les Jésuites, tout en disant qu'ils instruisent bien la jeunesse et qu'ils sont austères dans leurs mœurs, vous entreprenez de nous démontrer que le prétendu système d'envahissement des prêtres, tend à altérer la religion, au lieu de l'affermir.

1° Vous distinguez la vie dévote d'avec la vie chrétienne, et vous ne voulez pas de la vie dévote ; 2° vous accusez le système de porter dans le culte religieux, qui est un culte d'amour, un sentiment continu de terreur, pour augmenter par cette terreur l'obéissance et la rendre servile ; 3° enfin, vous accusez les prêtres de charger la morale de rites, et de donner à ces rites, autant qu'ils peuvent, la prépondérance sur la morale. C'est ainsi que le système supposé dénature la religion.

D'abord, Monsieur, on ne peut être bon chrétien sans être dévot, et l'on voit que chez vous l'idée de dévotion est la même que l'idée de cagotisme, de bigotisme. Le mot dévot s'est toujours pris en bonne part. Dans des matières graves, il faut parler la langue que parle tout le monde.

Un bon chrétien est celui qui fréquente les églises les jours de fêtes et de dimanche, qui approche des Sacremens, qui mène une vie chaste et réglée, qui maintient l'ordre dans sa maison, qui fait de bonnes œuvres, qui ménage la réputation de son prochain, qui n'est point ambitieux ni anarchiste. Un tel personnage ne peut être autre chose qu'un dévot. Il y a heureusement encore beaucoup de dévots dans le monde.

Le prêtre, dites-vous, annonce au *peuple chrétien* (et non au peuple dévot, sans doute), qu'il doit observer le dimanche, il ne dit que cela ; mais jamais les dévots n'ont prétendu qu'on ne devoit pas travailler dans la semaine. « Dans la vie chrétienne, qui est la vie sociale, l'acces» soire de la vie, selon vous, est à Dieu, et le fond aux » affaires et aux occupations mondaines...... La vie dévote » toute angélique, emportée *ridiculement* dans le train » des choses temporelles, s'y trouve naturellement gau» che, incapable, et s'y fait ainsi mépriser. »

Rien de plus erroné que ces assertions. Chez le vrai chrétien, sa vie toute entière est à Dieu ; il ne peut exister que pour Dieu ; ce n'est que l'accessoire qui peut appartenir aux occupations mondaines. C'est de tous les chrétiens, et même de tous les hommes, sans distinction, que l'apôtre disoit : *In ipso vivimus, movemur et sumus.* Il le disoit devant l'aréopage, et il n'étoit pas question de ce que vous appelez les dévots. Comment la vie du chrétien appartient-elle à Dieu toute entière ? C'est en rapportant à lui toutes ses actions, en les sanctifiant par cette consécration habituelle qui l'éloigne de toute action mauvaise; car une action mauvaise ne peut être offerte à Dieu. Voyez ce jeune enfant qu'une mère chrétienne élève dans des sentimens qui font le bonheur de sa vie, il joint ses petites mains et donne *son cœur* au bon Dieu. Oh! Monsieur, on voit que vous n'avez pas étudié le christianisme.

De quelle vie dévote parlez-vous, lorsque vous dites que, toute angélique qu'elle est, elle se trouve emportée *ridiculement* dans le train des choses temporelles? Il y a des magistrats, des militaires, des négocians, des avocats, des médecins, des artistes qui sont de vrais dévots. Sont-ils pour cela déplacés, gauches et ridicules dans le soin des affaires temporelles? Nos sœurs de la charité, toutes les filles hospitalières qui se dévouent au soin des malades et à l'éducation des enfans pauvres, sont-elles ridicules? Cependant elles sont très-certainement dévotes. Rien de plus aimable, au contraire, rien de plus gracieux que la véritable dévotion; elle fait le charme de la vie. C'est un hommage que les enfans du siècle ne peuvent s'empêcher de lui rendre.

C'est la première fois que j'entends dire que les Jésuites, qui sont à vos yeux les arcs-boutans du système chimérique que vous attaquez, portent dans le culte religieux un sentiment continu de terreur. Tous les écrivains auxquels vous devez vos belles inspirations contre les Jésuites, les ont accusés au contraire d'être trop faciles en morale, et de ne chercher qu'à plaire au monde, en apaisant les consciences. Soyez, s'il est possible, d'accord avec vos collègues, et en particulier avec le journal *la France catholique*, qui vous a fourni d'aussi beaux documens. Voyez comme tous ces Messieurs sont alarmés de la morale relâchée des Jésuites, et ils ne font aucune exception en faveur des Jésuites d'aujourd'hui. Mais, comme ce sont des Jésuites, on peut les accuser comme on veut, tantôt de relâchement, tantôt d'un système continu de terreur. Tout cela est excellent, pourvu qu'on les accuse et qu'on les blâme.

Enfin, Monsieur, ce n'est pas la morale que l'on peut surcharger de rites, c'est le culte; la morale vit de préceptes et le culte consiste dans les cérémonies. J'ignore les rites et les pratiques de la Congrégation, mais, comme vous convenez qu'elle est très-nombreuse, ses pratiques doivent être connues de l'Eglise. L'Eglise les tolère ou les approuve, puisque nous ne voyons pas qu'elle les blâme. Elle seule a le droit d'approuver ou de rejeter des pratiques pieuses. Comment, vous qui vous dites chrétien, et qui allez à la messe de votre paroisse, pouvez-vous condamner des pratiques que l'Eglise ne condamne pas? Comment pouvez-vous les mettre en opposition avec la morale, et prétendre qu'on veut leur donner la prépondérance?

Je ne puis, Monsieur, réfuter toutes vos assertions, il faudroit des volumes. Cependant qu'il me soit permis de vous reprocher, en passant, une accusation bien grave que vous vous permettez contre les petits séminaires, et contre les maisons d'éducation soumises plus particulièrement aux prêtres. C'est là, dites-vous, que règne le haut degré de corruption. Est-ce parce que les élèves de ces maisons sont pauvres en général, et peu importans selon le monde, que vous les accusez ainsi? Au reste, comme vous n'alléguez aucune preuve, cette imputation odieuse reste sur votre conscience. Les jeunes élèves du sanctuaire partagent la destinée des Jésuites. On ne court aucun risque à les calomnier.

Je ne m'arrêterai pas à tous les reproches de bon goût et d'excellent ton, que vous vous permettez contre les ministres de la religion, à la suite de cette distinction si lumineuse que vous établissez entre le dévot et le chrétien. Vous ne voulez pas qu'un évêque soit poli en société, et vous confondez fort obligeamment la politesse avec la galanterie. Votre *Fi donc!* est surtout d'un effet admirable. On dit que ces tournures de phrases et ces expressions sont empruntées des tréteaux de nos boulevards. Vous devez le savoir mieux que nous. Vous citez fort à propos un madrigal de l'abbé Cottin. Etoit-il de la Congrégation, l'abbé Cottin? et ces abbés mondains qui vivent comme le siècle et avec le siècle, seroient-ils Congréganistes? Dans votre égarement et vos préventions, vous tirez, sans le savoir, sur vos propres troupes. Soyez tranquille, M. le Comte, les abbés dont vous parlez, n'aiment pas plus que vous la vie dévote et les associations pieuses; ils ne sont pas même *chrétiens*.

Parmi toutes vos erreurs, Monsieur, celles qui ont le plus étonné et indigné tous les bons Français, ont pour objet l'auguste personnage même auquel ils sont heureux de donner des marques de leur respect et de leur amour. Où avez-vous vu, Monsieur, que la dévotion, chez les rois, affoiblissoit dans les sujets le sentiment de l'obéissance et du respect ? Vous convenez vous-même que la dévotion est, chez les rois, une garantie de l'accomplissement de leurs devoirs. Comment les peuples, à moins que des impies et des factieux ne les égarent, peuvent-ils envisager de mauvais œil, ce qui est la garantie de leur bonheur ? Ce n'est pas la vie sainte, ce ne sont pas les charités immenses, la piété, la bonté du Roi et de son auguste famille qui causeront jamais du refroidissement dans le cœur des Français, à l'égard de leurs princes, ce sont les écrits pestilentiels dont on empoisonne chaque jour toutes les classes de citoyens. Ce sont peut-être les vôtres, Monsieur, puisqu'il faut vous le dire.

Comment vous êtes-vous imaginé que l'affluence républicaine qui se trouvoit au convoi du général Foy, étoit un témoignage des sentimens du peuple qui ne le connoissoit pas, tandis qu'il est évident que ce mouvement a été imprimé par une faction qui le comptoit parmi ses chefs les plus illustres ? Vous mettez en opposition cette scène vraiment scandaleuse avec les hommages purs et simples dont notre monarque est l'objet. On pourra donc être autorisé à croire que notre bon Roi n'est pas aimé de son peuple, parce que sa présence ne peut exciter ni tumulte, ni scandale.

Sur l'état des dépenses de la police de Buonaparte, on a trouvé, dit-on, les sommes consacrées à payer l'enthousiasme dans les fêtes publiques. Les libéraux ont leur caisse et leurs souscripteurs. Oseroient-ils bien nous montrer leurs registres ? Ne seroit-il pas possible d'y trouver pour *trente ou quarante mille francs d'enthousiasme* et de *bruit*, payés en certaines circonstances ? Vous n'êtes pas mal avec ces Messieurs, comme vous avez bien voulu nous en avertir au commencement de votre livre ; ils pourroient vous communiquer quelques renseignemens assez curieux sur l'enthousiasme et l'admiration qu'ils inspirent. Nous ne pouvons avoir là-dessus que des soupçons et ne former que des conjectures.

Au reste, si quelque chose nous révolte, nous, bons Français, habitans de la capitale, c'est d'entendre dire que la présence de notre auguste monarque n'excite plus l'enthousiasme. Qui n'a pas été attendri des démonstrations de respect et d'amour, excités dernièrement encore par la présence du Roi et de son auguste famille, à la fête du 12 avril dernier ? Vous n'aimez pas, Monsieur, les processions et vous n'y assistez pas. Cela est fâcheux; vous perdez des occasions de vous assurer par vous-même de ce que pense le peuple, et de ce qu'il dit lorsqu'il y voit le Roi et sa famille. Je rougirois de m'étendre davantage sur des faits qui ne sont méconnus d'ordinaire que par les ennemis de la monarchie.

La conclusion de votre livre est, selon une expression consacrée, digne de l'exorde. Vous voulez que les Congréganistes, les Jésuites, les Ultramontains, enfin tous les prêtres qui sont, comme on sait, des envahisseurs, soient dénoncés, non pas à une cour royale, mais à toutes les cours royales du royaume. Vous ne pouvez articuler cependant aucun fait. Ceux que vous mettez en avant, ne prouvent rien, et n'appartiennent même pas à la question. Vous convenez vous-même que vous ne pouvez déterminer ce que c'est que la *Congrégation*, et que les Jésuites sont des hommes austères et élèvent bien la jeunesse. Vous n'avez aucun document à nous donner sur l'ultramontanisme. L'esprit d'envahissement que vous imputez aux prêtres d'aujourd'hui, ne vous a fourni que des citations de l'autre siècle, et des déclarations vagues et sans objet. N'importe! il faut dénoncer tous ces gens-là et à toutes les cours royales de la France. Dénoncez sur-le-champ, accusez, calomniez, condamnez : On verra après si tout cela est juste.

Vous vous êtes, M. le Comte, retiré dans vos montagnes, disposé à y recevoir « avec empressement les censures que » vous pourrez avoir méritées. » Plût à Dieu qu'il en fût ainsi, et que celui qui sonde les cœurs et les reins vous inspirât la salutaire pensée de réparer le scandale que vous avez donné! Osons-nous l'espérer? Vous nous menacez de reprendre la plume, si on ne suit pas vos avis. Ce langage n'est pas humble; ce n'est pas celui d'un *chrétien* disposé à recevoir les censures avec empressement. Enfin vous êtes décidé à reparoître encore au besoin dans l'arène. Prenez bien garde; on vous y attend.

P. S. Comme nous finissons cette lettre, nous apprenons que M. le comte de Montlosier vient d'être privé du traitement annuel de 10,000 fr. qu'il touchoit sur le ministère des affaires étrangères. Au moins nous n'aurons pas à nous reprocher que notre censure ait pu contribuer en quoi que ce soit à une disgrâce qui nous afflige et que nous désirerions être à même de réparer. Si M. de Montlosier persévère dans ses erreurs, il sera largement dédommagé de la perte qu'il essuie; le parti qu'il sert si bien ne l'abandonnera pas. Voyez les héritiers du général Foy.

Cependant nous préférerions pour M. le comte de Montlosier d'autres consolations et d'autres espérances.

Paris, 14 avril 1826.

W.

De l'Imprimerie de DEMONVILLE, rue Christine, n° 2.

www.ingramcontent.com/pod-product-compliance
Lightning Source LLC
Chambersburg PA
CBHW060604050426
42451CB00011B/2066